Voilà les méchans animaux qui ont répandu ton sang!...

DIX

AVENTURES

DE GARNISON.

Le Chirurgien Improvisé. — Le Moderne Joseph. —
Histoire d'une Jolie Comtesse. — La Fille du
Pasteur de Neustadt. — La Morale à la Hussarde. —
Athénaïs. — La Belle Inconnue. — La Soubrette.
Une Aventure Tragique. — Les Trois Duels.

RECUEILLIES ET PUBLIÉES

Par M. L. MONTIGNY.

TOME SECOND.

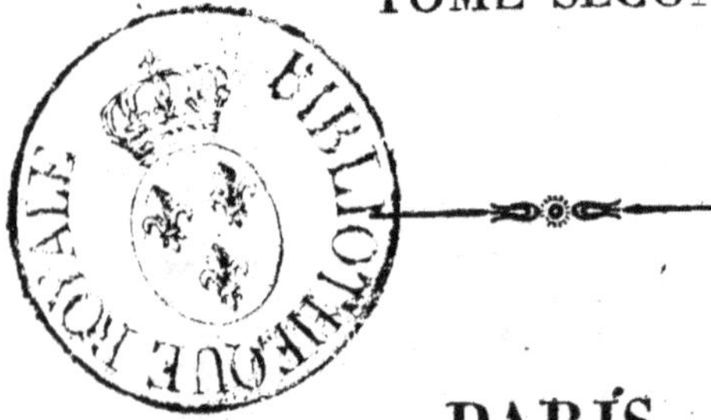

PARIS,

CHEZ L'ÉDITEUR, RUE DE VENDOME, Nº. 2.

—

M. DCCC. XXIV.

Paris. A. Lottin de S.-Germain, rue de Nazareth, nᵒ. 1.

DIX AVENTURES

DE GARNISON.

〜〜〜〜〜〜〜〜〜〜〜〜〜〜〜〜〜〜〜〜〜〜〜〜〜

LA MORALE A LA HUSSARDE.

———◦◦●●◦◦———

Alexandre Roch à Edouard Dumont.

MONTHALAIN m'adresse à l'instant votre histoire larmoyante de la *Fille du pasteur de Neus-*

tadt. Cet empressement à me faire passer une lettre qui contient une leçon de morale en action, m'a tout l'air d'une épigramme : je m'en expliquerai avec lui quand je lui écrirai. Est-ce qu'il me croit un séducteur ? il se trompe : jamais je n'ai séduit les femmes, et j'ai toujours été séduit par elles.

Arrangez-vous comme vous voudrez ; allez me déterrer des histoires plus tristes encore que celle de Lucie, moralisez, prêchez, faites tout ce que bon vous semblera ; je n'en dirai pas moins : C'est peut-être à tort que l'on reproche aux militaires, en général, de se jouer de la vertu des femmes; celles-ci font, dans presque toutes les occasions, plus de la moitié du chemin.

Je trouve une excuse dans notre genre de vie, dans les dangers que nous courons, et qui nous rendent si chers au beau sexe. Des siècles d'expérience nous prouvent que les femmes ont un penchant irrésistible pour tout ce qui est guerrier : C'est une allégorie bien vraie et bien fine que celle qui fait de Mars l'amant de Vénus.

Je ne prétends pas défendre la conduite d'un suborneur; à dieu ne plaise! je dirai avec vous que l'officier qui a violé les droits de l'hospitalité est un scélérat, à qui j'aimerais assez à casser la tête d'un coup de pistolet, si l'occasion s'en présentait. Mais voilà tout.

Quant au commencement de sa conduite avec la demoiselle, c'est autre chose : il a cherché à se faire aimer, rien de plus naturel ; il a plu , rien de plus naturel encore ; mais il ne devait pas conseiller un vol à une jeune personne faible et probablement bien éprise.

Peut-être ne devait-il pas régulièrement l'enlever ; mais en résultat , pourquoi l'a-t-elle souffert ? Elle aimait , me répondrez-vous. Eh ! monsieur le philosophe, si elle aimait , il ne lui était plus possible de transiger avec sa conscience! L'amour crie plus fort que l'honneur ; on compare, avec raison, cette passion à la rage : dites donc à

un enragé de ne pas vous mor-
dre ? il vous répondra en vous
déchirant à belles dents.

La conduite du ravisseur
est donc , sinon excusable ,
au moins susceptible de pardon , tant qu'il est amoureux ;
une fois cette passion diabolique
dans le cœur, nous ne songeons
plus qu'à trouver des moyens ,
quels qu'ils soient, qui nous ai-
dent à parvenir à notre but ; j'en
aurais fait autant que lui. Mais,
en pareille circonstance, lorsque
le réfroidissement succède aux
feux qui nous embrâsaient ,

quand, revenus à nous comme d'un long évanouissement, nous ne voyons plus dans l'objet de notre amour qu'un objet qui ressemble à toutes les femmes ; lorsqu'enfin le bandeau de l'amour est tombé ; c'est alors que, si l'on est honnête homme, on doit le prouver : loin d'abandonner celle qui a partagé notre faute, nous devons la protéger, la secourir de tout notre pouvoir ; une tendre amitié doit remplacer dans notre cœur la passion tumultueuse de l'amour...

C'est ce que votre ravisseur n'a point fait, et c'est aussi à dater de là seulement que je commence à le regarder comme un être vil, digne du plus profond mépris ; comme un homme qui attire sur lui la colère du ciel et la haine de ses semblables.

Mais c'est assez prêcher. Je remporte une véritable victoire sur ma raison, quand je puis coudre ensemble quelques réflexions bonnes ou mauvaises. Connaissez-moi : je traite les femmes un peu légèrement, peut-être, mais je suis incapable de manquer à l'honneur, et je n'y manque pas en soutenant que les femmes sont pour moitié dans les fautes qu'elles nous font commettre.

FIN DE LA MORALE A LA HUSSARDE.

ATHÉNAIS.

Jules Darcis à Alexandre-Roch.

ON vous a donné connaissance, mon cher Roch, de l'aventure que j'ai racontée à Monthalain. Vous avez ri, je n'en doute pas, de ce que j'appelle *ma timidité*. Peut-être en riez-vous encore. Pour vous conserver en belle humeur, je vais vous faire part de ce qui vient de m'arriver.

J'ai rejoint mon régiment il y a quelques jours, à Gratz, en Styrie, où je suis encore. Peu de jours après mon arrivée j'ai repris mon service, et comme nous avons dans nos rangs beaucoup de jeunes soldats, on nous a donné l'ordre de les condnire à l'exercice deux fois par jour.

Il y a à Gratz une fort jolie promenade, ornée de très-beaux arbres ; les hôtels les plus somptueux ont vue sur cette promenade ; à de certaines heures, il s'y rend beaucoup de monde. Pour ne pas sortir de la ville, et éviter de perdre inutilement beaucoup de temps, c'est en ce lieu que nous faisons nos exercices. Je suis presque toujours chargé de diriger l'instruction.

La première fois que je me rendis à cette promenade, je remarquai une jeune personne assise au balcon d'une fort belle maison. Pendant tout le temps

que je restai là, j'observai
qu'elle ne cessa d'avoir les yeux
sur moi; le soir, lorsque je
revins, ce fut la même chose;
et le lendemain je la trouvai à
la même place.

Je ne m'en fais pas accroire,
il s'en faut de beaucoup; cependant, étonné de la persévé-
rance que cette jeune personne
mettait à me regarder, je la
saluai un jour, en quittant
l'emplacement de l'exercice.
Elle parut recevoir cette poli-
tesse avec plaisir, et me rendit
mon salut.

Tome II.

Les jours suivans je ne manquai pas de la saluer en arrivant et en partant; et, dans
les momens de repos, j'affectais
de m'approcher de sa fenêtre
et de regarder de son côté.

Un matin qu'il faisait fort
beau temps, je crus la reconnaître au milieu d'un groupe
de dames; je quittai un moment mon poste; et voulant
m'assurer que c'était bien elle,
je me dirigeai du côté de ces
dames; en les regardant toutes
d'assez près, je la reconnus effectivement; elle m'aperçut

en même temps , et se mit à sourire de la manière la moins équivoque ; un moment après, elle s'éloigna , et je la perdis de vue.

Le soir je ne la vis point à son balcon. L'exercice allait finir , lorsqu'un domestique en livrée s'approcha de moi , me remit une lettre , et disparut.

Étonné de l'action de cet homme , et plein d'impatience de connaître le contenu de la lettre que je ne voulais pas ouvrir en public , je m'empres-

sai de renvoyer mes soldats à
la caserne, et rentré chez moi
je lus la missive; elle était sans
dessus : j'ôtai l'enveloppe , et
sur le papier ployé en quatre
je lus d'abord ces mots: *A celui
que je n'ai pu voir sans l'aimer.*
Le cœur me battît à la vue de
cette singulière adresse ; et je
pensai de suite à mon inconnue. Voici ce que contenait la
lettre :

« Monsieur , vous trouverez
» peut-être bien étrange qu'une
» femme à laquelle vous n'a-
» vez jamais adressé la pa-

» role, prenne le parti de vous
» écrire ; mais il est des cir-
» constances où l'usage peut
» n'être compté pour rien. J'ai
» le bonheur de vous voir tous
» les jours, je voudrais jouir
» du plaisir de vous parler et
» plus encore de celui de vous
» entendre : Trouvez-vous ce
» soir à minuit à la prome-
» nade , près du sixième arbre
» de droite de la grande allée ;
» vous y rencontrerez le do-
» mestique qui vous a remis
» cette lettre ; il est chargé de
» vous conduire près de celle

» qui brûle de savoir si votre
» esprit répond à votre agréable
» figure ».

Persuadé que je devais ce
billet romanesque à la demoiselle du balcon, qui ne pouvait être cependant qu'une
personne bien née, je me mis
sans délai à ma toilette; et,
dans la joie qui me transportait
j'oubliai de souper.

Après avoir fini mes prépara-
tifs et m'être bien *adonisé*,
j'attendis avec impatience
l'heure du rendez-vous; on m'a-
vait bien pressenti, me disais-

je, sur la facilité et le laisser aller des Allemandes en général ; mais je n'aurais jamais imaginé que ce fût au point de se jeter ainsi à la tête du premier venu.

A onze heures et demie je sortis de chez moi : je ne suis pas logé très-loin de la promenade , en sorte que j'y fus rendu avant minuit.

Il y avait quelques minutes que j'étais arrivé, lorsque j'entendis marcher dans l'obscurité ; je toussai : *Sind sie, hier, mein herr ?* me dit-on ; *ya ,* répondis-je ; (car je sais assez d'allemand pour comprendre que cela veut dire : Etes-vous là , Monsieur)? Celui qui me parlait s'approcha de moi, et je reconnus le porteur de la lettre.

Je le suivis. Il parlait souvent seul, et ne le comprenant pas , je le laissais dire. Je pris seulement garde qu'il répétait à chaque instant cette phrase, dont je n'entendais pas bien le sens : *Oh ! die alte nai-rinn !*

Après avoir fait environ cinq

cents pas, nous nous trouvâmes devant une petite porte percée dans un mur de jardin. Il l'ouvrit, et la referma sur nous, prit une lanterne sourde allumée, qu'il avait probablement mise exprès dans cet endroit, et nous continuâmes à marcher.

Nous traversâmes un jardin très-considérable; en arrivant auprès de la maison, mon conducteur frappa doucement à une fenêtre du rez-de-chaussée; on vint ouvrir, et nous nous trouvâmes sous un large vestibule;

nous le traversâmes, et delà nous passâmes dans une fort grande cour.

Trois ou quatre chiens d'une grosseur énorme, qui pour mon malheur, n'étaient point enchaînés, fondirent sur nous en aboyant de manière à se faire entendre d'une lieue. Le domestique s'empressa de les faire taire; mais l'un deux, ne l'ayant pas assez tôt reconnu, se jeta sur moi avec une telle fureur, qu'il faillit à me renverser, et me mordit très-fortement à la cuisse droite;

je lui fis lâcher prise en le me-
naçant. Après avoir fait éloigner ces malencontreux animaux, nous poursuivîmes notre route.

Diable ! disais-je en moi-
même, voici une aventure noc-
turne digne de l'écuyer de
Don Quichotte ; voyons comment elle finira.

Nous traversâmes la cour ;
enfin, tournant à droite, nous
nous dirigeâmes vers un petit
escalier que nous montâmes:
Nous nous trouvâmes dans
une cuisine ; de cette cuisine

nous passâmes dans une espèce d'antichambre, et delà
dans un long corridor, au fond
duquel nous trouvâmes encore
un escalier que nous montâmes. Il faut espérer que nous
arriverons, me disais-je. *Oh!
die alte nairinn!* répètait mon
conducteur.

Cet escalier conduisait à des
appartemens assez beaux, autant que j'en pus juger par la
faible lueur que répandait notre lanterne; nous suivîmes
une longue file de chambres,
et pour le coup, je commen-

çais à perdre patience, lorsque mon guide ouvrit une
porte, et je vis un boudoir
très élégant qu'éclairaient une
multitude de bougies.

Ce grand volume de lumière
en frappant subitement mes
yeux, m'éblouit pendant quelques instans. *Warten sie hier* (1),
me dit le domestique; et il me
laissa là, livré à mes réflexions.

Je n'attendis pas long tems :
au bout de quelques minutes,
les deux battans de la porte
s'ouvrirent, et je vis entrer

______

(1) Attendez-moi ici.

une grande figure pâle et mai-
gre, qui me parut avoir six
pieds au moins, et qui vint à
moi en multipliant les révé-
rences.

J'eus le tems de l'examiner
avant qu'elle n'ouvrit son énorme bouche. Je doutai d'abord
que ce fut une femme, mal-
gré son costume que je vais
vous détailler. Elle était vétue
d'un habit de bergère très-
galant, et si court qu'il lais-
sait presque voir les genoux de
deux jambes toutes droites,
maigres et décharnées. Sa tête

était couvert d'un énorme chapeau de paille, noué galamment sous le menton. Sa gorge (ou plutôt la place) était absoment découverte; de la main droite elle tenait une houlette, ornée d'une grande quantité de rubans de toutes couleurs; enfin, dans son bras gauche était passé un très-joli panier, qui nécessairement représentait la *panetière*.

Je me levai. La bergère (qu'au premier coup-d'œil je jugeai devoir être âgée de plus de cinquante ans) me prit par

la main, me fit asseoir, et se
mit auprès de moi. Elle allait
ouvrir la bouche, pour commencer sans doute une *églo-
gue*, lorsque jetant les yeux sur
moi, elle vit que ma redin-
gotte, mon pantalon, et même
le caleçon étaient déchirés, et
qu'il sortait un peu de sang de
la morsure que le chien m'a-
vait faite.

Ciel! oh! ciel! dit-elle, que
vois-je! que signifie ce sang?
C'est, lui dis-je, Mademoiselle,
(car je craignais de l'offenser
en la nommant Madame), un

des chiens de votre maison
qui, pendant que je suivais le
messager qui m'a conduit ici,
s'est jeté sur moi, et m'a mor-
du. — Quel malheur! grand
dieu! du sang! et c'est moi
qui l'ai fait répandre! En disant cela, elle tira le cordon
d'une sonnette, et un domestique se présenta aussitôt. Elle
donna un ordre avec l'air de la
plus grande agitation, et le domestique sortit.

Je suis au désespoir de ce
fatal événement, me dit-elle,
quand nous fûmes seuls; me le

pardonnerez-vous? hélas! n'est-ce pas le ciel qui veut me punir de l'imprudence que j'ai commise! grand dieu! cette idée est bien cruelle!... je n'en puis plus!... ah! qu'il en coûte de manquer à ses devoirs!... je me sens défaillir, soutenez-moi, malheureux amant; et elle se laissa tomber de tout son poids entre mes bras, en me priant de la délacer.

Fort embarrassé de ma contenance, je la poussai assez rudement sur le canapé, et me levai en faisant quelques pas.

Vous êtes indigné, me dit-elle; ah! pardonnez à la trop faible Athénaïs!

A cette exclamation, et surtout au nom d'Athénaïs, je manquai d'éclater de rire; mais un regard qu'elle jeta sur moi, et qu'elle s'efforça de rendre doux et tendre, me contint. Remettez-vous, Mademoiselle ou Madame, lui dis-je, et faites-moi le plaisir de me dire pour quel motif vous avez voulu me voir?

Pour quel motif j'ai désiré le voir!... Tu me le demandes,

répondit elle, tu me le demandes ! ah ! tigre ! ne vois-tu pas
le désordre de mes sens ; ne
lis-tu pas dans mes yeux ce
que ma bouche n'ôse te dire ?
— Je n'y lis rien du tout, sinon que vous êtes folle, lui
répondis-je crûment. — Folle !
reprit-elle, folle ! l'ingrat join-
drait l'outrage à la perfidie !
Oüi, je le suis, puisque j'ai
donné mon cœur à un barbare,
qui paye par des mépris l'a-
mour le plus tendre. — Mais,
Madame, vous ne voulez sans
doute que vous moquer de

moi? — Pourquoi, cruel? —
Ce rendez-vous?... — Eh bien!
j'ai eu la faiblesse de te l'accorder, et tu me méprises! — En
recevant votre lettre j'ai dû
croire, Madame, qu'elle était
écrite par une jeune beauté, et
non pas par une Sybille...

J'allais poursuivre, lorsque
la porte s'ouvrit. Trois domestiques, portant chacun un gros
chien mort, entrèrent, et vinrent les déposer à mes pieds.
Voilà, me dit majestueusement
Athénaïs, les méchans animaux qui ont répandu ton

sang. Puissé-je voir à mes pieds, privée du sentiment, la perfide qui me dispute la possession de ton cœur! Sortez, dit-elle ensuite aux trois domestiques.

A ce singulier *holocauste*, une forte envie de rire, que j'avais contenue jusqu'alors, se fit un passage, et je m'en donnai de tout mon cœur.

Vous permettez, dis-je ensuite *à mon amante*, qui me regardait d'un air stupide, que je quitte ces lieux; il est tard, et je désirerais aller me coucher. — Quoi! c'est ainsi que tu me traites, cruel, quand je consens à te recevoir dans mes bras? — Eh! Madame, songez plutôt à recevoir les sacremens. — Que veux-tu dire? — Qu'il y a assez long-temps que vous jouez la comédie, et que je vous prie de brusquer le dénouement. — C'en est trop; je suis assez avilie : puisque tu refuses le don de mon cœur, il ne me reste plus qu'à mourir. — Faites tout ce que bon vous semblera, Madame; mais comme je ne puis sortir d'ici sans guide, ordonnez que l'on me reconduise. — Non, ingrat, tu resteras avec moi pour être témoin de ma mort. — De grâce, Madame, si vous voulez éviter une scène désagréable à tous deux, sonnez, et ordonnez à vos gens de m'éclairer. — Eh bien ! tu seras obéi ; mais le repentir suit de près la faute ; en vain l'amour te ramènera à mes pieds ; tu n'y trouveras qu'une insensibilité pareille à la tienne. — Je vous réponds de ne jamais vous importuner ; mais, pour l'amour de dieu, sonnez.

La malheureuse Athénaïs, jugeant bien qu'il était inutile de me prier plus long-temps, se décida enfin à me congédier. Elle sonna, un domestique parut.

Fatigué du rôle que me faisait jouer cette vieille folle, je sortis, et suivis mon nouveau guide, avec autant de plaisir que s'il m'eût délivré de prison, sans daigner même me retourner pour jeter les yeux sur l'Ariane que j'abandonnais. J'arrivai enfin à la petite porte du jardin.

Tome II. 2*

Avant de quitter la promenade, j'observai la maison autant que l'obscurité me le per-
mettait, et je regagnai mon logement.

Le lendemain, j'entrai chez
mon hôte, qui parle fort bien
le français, et après une petite
conversation préliminaire, je
l'amenai à me parler des personnes les plus recommandables
de Gratz qui occupent les
maisons de la promenade.
Après m'avoir cité un grand
nombre de dames, il me dit :
J'oubliais de vous parler de la

baronne de W***, vieille demoiselle, qui avait autrefois beaucoup d'esprit, mais à qui les romans et les pastorales ont tourné la tête.

Je compris que c'était à elle que j'avais eu affaire, mais je me gardai bien d'en parler, car en confiant à mon hôte mon aventure de la nuit, je courais risque de me rendre la fable de toute la ville. Dixi.

J'en suis toujours au même point avec ma belle inconnue, à laquelle j'ai attribué si légèrement le billet de la *bergère*

Athénaïs. Si je parviens à faire sa connaissance d'une manière intime, je vous le manderai. Tout à vous.

FIN D'ATHÉNAÏS.

LA BELLE INCONNUE.

Jules Darcis à Alexandre Roch.

JE craignais de n'avoir jamais rien à vous dire, et voilà que les aventures se succèdent avec une étonnante rapidité. Je vous ai promis de vous tenir infor-

mé de la suite de mon intrigue
avec *ma Belle Inconnue* du balcon. La voici.

Ennuyé, il y a quatre
jours, de n'en être encore
qu'aux salutations avec une
jeune et jolie personne, qui
paraissait singulièrement disposée en ma faveur, je cherchai dans ma tête le moyen de
lui parler ou de connaître ses
sentimens, par la voie qu'em-
ploient les amans, que des obs-
tacles séparent.

Après avoir mûrement ré-
fléchi, désespérant de pouvoir

darvenir jusqu'à elle, je me décidai à lui écrire. Ma lettre, tendre et respectueuse, ne contenait que des expressions extrêmement mesurées ; je lui avouais que je l'aimais, et je finissais modestement par la prier de m'accorder un rendez-vous.

Il s'agissait de lui faire parvenir cette lettre, et c'était là le difficile. Voici ce que j'imaginai :

J'avais remarqué qu'elle restait souvent au balcon après que le jour était tout-à-fait tom-

bé ; je fis, sous un prétexte
quelconque, porter à l'exercice
du soir, par un de mes canon-
niers, une perche fort longue
et assez légère pour être ma-
niée aisément ; quand l'exercice fut fini, je renvoyai la
compagnie, et me promenai
dans l'allée la plus voisine de la
maison de ma belle, jusqu'au
moment où l'obscurité fût assez grande, pour que je pusse
sans danger, faire parvenir ma
lettre à son adresse.

Je m'approchai ensuite du
mur, je pris ma perche, que

j'y avais déposée, et je fixai la
lettre a une des extrémités.
Quand ma missive fut ainsi
placée, j'attendis que l'allée
fut absolument déserte, puis,
tout d'un coup, j'élevai la perche, et, avec assez de peine,
j'atteignis jusqu'à la fenêtre où
était placée ma nymphe.

Il était à craindre qu'elle ne
prît pas le papier ; je ne fus
pas long-temps dans l'attente :
A peine aperçut-elle le bout de
ma perche, que, devinant mon
intention, elle prit la lettre précipitamment, et sans doute en

rougissant, (ce que l'obscurité m'empêcha de voir). Puis elle quitta le balcon, et ferma la croisée.

Enchanté du succès de mon entreprise amoureuse, je me retirai chez moi, et j'attendis le lendemain avec l'impatience la plus vive. Je ne la vis pas à l'exercice du matin.

Un peu inquiet de sa disparution, je ne savais trop que penser ; peut-être, disais-je, elle attend, comme moi, le soir pour me faire sa réponse. Je ne me trompais pas. Je laissai partir ma compagnie comme la veille, et j'eus la satisfaction un quart d'heure après, de voir la croisée s'ouvrir, et mon in- connue s'y asseoir.

Quand je crus la nuit suffi- samment avancée, je me pro- menai tout près de la croisée; j'avais déjà fait plusieurs tours, lorsqu'en passant précisément au dessous d'elle, je l'entendis tousser légèrement ; quelque chose tomba en même temps à mes pieds ; je me baissai, et je trouvai une pelotte à laquelle était attaché un billet.

Je mis le tout dans ma poche, et après avoir fait une grande salutation, que peut-être ma déesse ne vit pas, je me rendis à mon logement.

La lettre, que je m'empressai d'ouvrir, était ainsi conçue:

« Monsieur, une impru-
» dence en entraîne une autre:
» j'ai eu la faiblesse de recevoir
» une lettre de vous, et je me vois
» obligée d'y répondre. Quoi-
» que trop disposée à croire à
» la sincérité de vos sentimens,
» et peut-être à les partager, je
» me fais un devoir de vous

» dire que vous devez renon-
» cer à m'inspirer autre chose
» que de l'amitié. La nature,
» dont j'ai beaucoup à me
» plaindre, en me donnant la
» faculté d'aimer, m'a refusé
» celle de pouvoir l'avouer.....
» Vous m'entendez. Abandon-
» nez, croyez-moi, à toute la
» rigueur de son sort, la mal-
» heureuse et trop tendre Amé-
» lie de W*** ».

Je lus cette lettre cinquante
fois, au moins, et chaque
fois j'étais arrêté par cette
phrase : « La nature, dont j'ai

» beaucoup à me plaindre, en
» me donnant la faculté d'ai-
» mer, m'a refusé celle de
» l'avouer ».

A-t-elle un mari jaloux qu'elle craint d'irriter? Est-elle sous la surveillance de quelque vieille tante sévère? Aurait-elle prononcé des vœux? Enfin, qu'entend-elle par ces paroles? Qui peut donc l'empêcher d'avouer ses sentimens?

Après m'être perdu dans mes réflexions, je finis par me dire que peut-être la belle n'avait pas senti toute la force de ce qu'elle avait écrit, et que, comme beaucoup de femmes à prétentions, elle s'était embrouillée dans ses propres phrases. Cependant, comme cette dernière idée affaiblissait naturellement la bonne opinion que j'avais d'elle, j'aimai mieux rejeter sur mon peu de perspicacité ce que je trouvais d'obscur dans sa lettre.

Comme elle ne répondait pas à l'article du rendez-vous, et que je voulais du *positif*, je résolus de lui écrire une seconde fois ; ma deuxième lettre, de même qu'une troisième et une quatrième demeurèrent sans réponse. J'eus le courage de lui en écrire une cinquième ; dans laquelle, je lui dis, selon l'usage, qu'il fallait absolument qu'elle consentît à me voir, à m'accorder un rendez-vous ; si elle ne voulait pas que je me donnâsse la mort.

Cette menace fit effet ; je reçus d'elle un billet qui ne contenait que ce peu de mots :

« Venez donc, puisque vous
» le voulez absolument. Il
» n'existe qu'un moyen de par-

» venir jusqu'à moi, c'est d'en-
» trer par la fenêtre où je me
» tiens habituellement. Je vous
» attends ce soir à onze heures.
» Il m'est affreux de penser que
» cet entretien détruira mon
» bonheur et le vôtre ».

Au comble de la joie en recevant ce billet, je m'occupai sans
délai des moyens à employer
pour escalader la fenêtre ; cela
n'était pas facile. J'ai bien entendu parler d'échelles de soie ;
il en est question dans tous les
romans ; mais je ne sais pas les
faire, et j'ignore quels mar-

chands en vendent. A défaut
d'autre chose, je pris des cordes auxquelles je fis des nœuds
de distance en distance, et
j'attachai ensuite à ces nœuds
d'autres petites cordes transver-
sales pour former les échelons;
cela fait, j'attendis l'heure du
rendez-vous.

A onze heures, je m'achemi-
nai vers la promenade; l'obscurité était telle que l'on voyait
à peine à se conduire. Arrivé
au bas de la fenêtre, je frappai
légèrement dans mes mains,
j'entendis ouvrir; je vais vous

jeter l'échelle, dis-je, aussi bas qu'il me fut possible ; vous l'assujettirez, et je monterai.

J'attendis en silence et en prêtant attentivement l'oreille ; on ne me répondit rien. Je répétai la même chose, point de réponse. Alors, je jetai en l'air à tout hasard, l'extrêmité de mon échelle, à laquelle j'avais attaché quelque chose d'un peu lourd ; je fus obligé de recommencer ce manège trois fois sans réussir; enfin, mon échelle n'étant pas retombée, je jugeai que j'avais atteint le balcon. Effectivement, au bout de plusieurs minutes, quelqu'un frappa dans ses mains.

J'appuyai sur l'échelle, et sentant de la résistance, je jugeai qu'elle était fixée; j'y montai, et je fus bientôt sur le balcon. La fenêtre était ouverte, j'entrai dans la chambre, qui était sans lumière.

Etes-vous là, dis-je en entrant; pour toute réponse, on me serra la main, on referma la la croisée et les rideaux, et on s'éloigna; j'entendis ouvrir et fermer une porte, immédiatement après ; Amélie (car c'était bien elle) reparut , tenant une lumière qu'elle posa sur la cheminée. Elle s'assit ensuite , couvrit ses yeux de son mouchoir et fondit en larmes.

Toutes les histoires d'amour que j'ai lues , m'ayant appris qu'un amant doit toujours , dans cette circonstance , débuter par se jeter aux genoux de sa belle , je tombai à ceux de la mienne , et lui prenant les mains , que je serrais tendrement , je lui dis :

Eh quoi! charmante Amélie,

ma présence vous inspire t-elle de l'effroi ?

En disant ces mots, auxquels elle ne répondit pas , je baisais ses mains ; et comme elle avait ôté son mouchoir et essuyé ses larmes , je la regardai avec ravissement , en attendant qu'elle daigna m'honorer d'une réponse.

J'attendis en vain ; elle se contentait de me regarder très-attentivement ; et tout-à-coup , comme si elle eût eu honte de l'action que je lui faisais commettre , elle se cachait encore le visage de son mouchoir.

Cette obstination à se taire commençant à m'étonner, je quittai ses genoux, et m'assis auprès d'elle en essayant de la serrer dans mes bras; elle me repoussa légèrement et me regarda encore.

Fatigué de cette pantomime, je lui dis le plus tendrement qu'il me fut possible : O! vous, dont j'aimerais tant à entendre la voix, avez-vous juré de me désespérer en gardant le silence! Un regard, qu'accompagnait un serrement de main, fut sa réponse.

Tout-à-fait déconcerté, je me levai avec un espèce de dépit. Alors, lisant sans doute sur ma figure le trouble qui m'agitait, elle se leva comme moi, me prit par la main, et me conduisit à l'autre extrémité de la chambre, où il y avait un secrétaire. Elle l'ouvrit, prit une plume et du papier ; écrivit ; et me présenta ensuite le papier, sur lequel je lus, tracés en gros caractères, ces mots accablans : JE SUIS SOURDE ET MUETTE !

La beauté de cette infortunée, les désirs assez vifs que je

ressentais, un rendez-vous de-
mandé et obtenu, l'heure à laquelle je me trouvais, seul, avec
elle, tout cela avait monté mon
imagination; mais quand j'eus
lu cette affreuse sentence, j'aurais voulu pouvoir ne faire
qu'un saut de la fenêtre en bas.
Voilà donc, me disais-je l'ex-
plication de cette phrase que je
ne comprenais point ! Mon embarras fut tel que je n'osai, pendant un instant, lever les yeux.
Enfin, prenant une résolution
subite, je m'assis devant le secrétaire, et pour tâcher de di-

minuer son humiliation, j'écrivis : *Vous ne m'en êtes pas moins chère.* Elle prit le papier, et je vis sa figure s'épanouir en lisant.

Ensuite, me jetant un regard très-tendre, elle passa ses bras au tour de mon cou, et m'entraîna avec elle sur le canapé. Ce geste manqua de me faire perdre la tête, et j'allais commettre quelque sottise ; une réflexion m'arrêta : déshonorerai-je cette infortunée, me dis-je? non, jamais je n'aurai ce courage; dans sa cruelle situation ce serait la rendre malheureuse pour la vie.

Je m'éloignai d'elle, et j'écrivis ces mots, que je lui montrai : *Je dois vous respecter et vous plaindre.*

Après avoir lu, elle fit avec la tête un signe d'approbation. Pensant alors que si je voulais persister dans mon dessein généreux, il était prudent de la quitter, je lui fis signe que j'allais partir. Elle parut approuver ma conduite. Je lui fis comprendre que je désirais obtenir un baiser. Pour toute réponse on m'embrassa. Je m'empressai de lui rendre caresse pour caresse, d'ouvrir la croisée et de descendre; sentant fort bien qu'en ne m'éloignant pas, mes sens auraient pu parler bientôt plus haut que ma raison.

N'admirez-vous pas la fatalité de mon étoile : dans une ville grande et peuplée, elle ne m'a fait rencontrer qu'une vieille folle et une jeune infortunée privée de l'organe de la parole.

FIN DE LA BELLE INCONNUE.

~~~~~~~~~~~~~~~~~~~~~~~~~~~~~~~~~~~~

LA SOUBRETTE.

———

Alexandre Roch à Charles Monthalain.

CATON-DUMONT vient de me faire passer vos deux lettres. Je les ai lues avec infiniment de plaisir ; je vous engage très-fortement à nous tenir au
~~~~~~~~~~~~~~~~~~~~~~~~~~~~~~~~~~~~

courant de la suite de l'histoire, de votre Comtesse , si toutefois vous le pouvez sans vous compromettre , car , entre nous soit dit , je vous crois le héros de ces deux chapitres de roman.

Je vous adresse avec la présente la copie des deux lettres que Darcis m'a écrites : vous y verrez le récit de deux aventures galantes qui viennent de lui arriver à Gratz : on ne saurait être plus malheureux en amour ; je veux lui conseiller de faire l'exercice autre part qu'à la promenade qu'il a choisie, car je crains que quelque *siècle* ne vienne à s'amouracher de lui ; il ne lui manquerait plus que cela.

J'attends de vous des réflexions sur sa conduite chaste et retenue avec l'héroïne de sa seconde histoire. Sa manière d'envisager les choses me paraît fort plaisante : il ménage *la vertu* d'une jeune et jolie personne, parce qu'elle est muette : la belle conséquence ! Est-ce qu'une muette est plus respectable qu'une femme qui parle ? L'opinion de ce bon Darcis dérange absolument toutes mes idées philosophiques. Je suis curieux de savoir ce que vous en pensez.

Après avoir parlé des autres, souffrez que je vous entretienne de moi. Il y a une quinzaine de jours que je suis d'une sagesse exemplaire ; si cependant on est sage en fréquentant tous les jours les bals et les spectacles, et en partageant toutes les nuits sa couche avec une nouvelle beauté ; (je ne veux pas dire une beauté nouvelle). J'attends du cher Dumont un panégirique de ma conduite.

Je serais encore un chevalier sans reproche, si le désir de revoir la petite Aglaure, désir bien naturel sans doute, ne m'avait entraîné dans le précipice, au bord duquel je crois pouvoir courir impunément depuis une quinzaine d'années, parce que je le sème de myrtes et de roses. Je vous dois l'aveu de la dernière faute que j'ai commise ; veuillez bien, confesseur indulgent, m'accorder la rémission de ce nouveau péché, en attendant que Du-

Tome II.   4

mont me montre l'enfer entr'ouvert sous mes pas.

A propos d'Aglaure : dans la lettre où je vous rends compte de mon aventure avec sa jeune et jolie maîtresse, j'ai dit, en parlant d'Aglaure, qu'elle était jolie comme l'une des trois Grâces dont elle porte le nom ; lorsqu'on veut faire l'érudit, il faut, autant que possible, être bien certain de ce que l'on avance ; or, jamais Grâce n'a porté le nom d'*Aglaure* ; la conformité du nom, et une certaine similitude de gentillesse m'ont fait errer. Les Grâces ont nom : *Aglaé*, *Euphrosine*, *Thalie*; passez moi cette faute de mythologie ; il faut être indulgent pour un hussard lorsqu'il parle d'autre chose que de se battre, de boire et de faire l'amour. Je vous dirai avec Lorédan :

Que notre art soit de vaincre, et je n'en
veux pas d'autre (1).

Revenons à nos moutons : Poursuivi par le souvenir de la petite Aglaure, je me décidai à faire en sorte de renouer la liai-

____

(1) Voltaire. — *Tancrède.*

son que j'avais si heureusement commencée.

A cet effet, je me rendis dans le faubourg de Maria Hilff, à Vienne, et, à force de passer et repasser devant l'hôtel du Baron, j'aperçus le joli minois de la soubrette, à une fenêtre. C'était peu de l'apercevoir, il fallait lui parler, et je ne savais trop comment m'y prendre. Elle me vit, et me reconnut, quoique je fusse revêtu de mon uniforme, qui ne ressemble pas du tout à celui du chirurgien Gigognac. Mais le coup d'œil d'une femme!!! Je lui fis un petit signe d'amitié, auquel elle répondit; j'en fis un autre, au moyen duquel je cherchais à lui faire comprendre que je désirais lui parler, et qu'à cet effet, je me rendais sur l'esplanade voisine pour l'attendre...

Elle me comprit parfaitement, me montra le ciel, porta ensuite la main sur ses yeux, et m'indiqua le côté de l'esplanade. Je pensai que cela voulait dire qu'elle m'y donnait rendez-vous pour le soir.

Quand le jour fut tombé, je m'y rendis. J'attendis à-peu-près une demi-heure. Elle parut au bout de ce temps, enveloppée dans un large mantelet de taffetas noir. Je la reconnus à son pied:

Je vous sais gré, lui dis-je en l'abordant, de votre complaisance; elle me donne lieu d'espérer que nous pourrons continuer notre cours d'observations; n'y aurait-il pas moyen de vous parler sans témoins?

— J'y vois bien des difficultés.

— Qu'à cela ne tienne, je les

surmonterai toutes. Cette nuit appartient-elle au Baron ? — Non, il est à la Cour. — Je puis donc être admis à vous faire la mienne ? — Je ne vois aucun moyen de vous introduire dans l'hôtel. — J'en vois cent. N'a-t-il plus de portes ? — Sans doute il en a, mais on les ferme. — Je passerai par la fenêtre (et je pensais à Darcis). — Peut-être trouverons-nous quelque moyen moins périlleux... Allons, c'est une affaire convenue ; je ne vous quitte plus, je soupe avec vous ce

soir. — Encore une fois, le difficile est de vous faire entrer.
— Etes-vous habillée sous cette
mante? — Oui, sans doute. —
Je vais m'en affubler. — Y pen-
sez-vous ; elle ne vous viendra
pas au genou. — Qu'importe?
la nuit on ne distingue rien :
je me ferai petit. — Je vous reconnais : jamais embarrassé. —
Je suis hussard. — Vous n'êtes
donc plus chirurgien? — Nous
parlerons de cela chez vous ; il
me tarde d'y être. Passez devant, je vous suivrai ; et sous
la porte de l'hôtel, vous me
donnerez votre mantelet.

Aglaure se mit en marche sans répliquer ; je la suivis de loin ; et quand nous fûmes près d'arriver devant la porte de l'hôtel, je doublai le pas. J'entrai presqu'en même temps qu'elle ; heureusement que les réverbères n'étaient point encore allumés.

Aglaure défit son mantelet et me le donna. Je le mis sur mes épaules, et la suivis en silence ; nous montâmes le grand escalier sans rencontrer âme qui vive.

Tout près de l'escalier dérobé qui conduisait à la chambre d'Aglaure, un grand escogriffe de laquais se présente. D'où venez-vous donc, dit-il à Aglaure, Madame vous a sonnée cinq ou six fois. J'y vais, répondit-elle. Le laquais passa à côté de moi en me regardant avec curiosité ; l'obscurité le mit en défaut.

Aglaure montait les marches de l'escalier précipitamment, je l'imitais, et nous arrivâmes sans autre danger à sa chambre. Elle m'y fit entrer, et me dit : je vais chez Madame, enfermez-vous, et attendez-moi, je frapperai trois coups.

Elle fut près d'une grande heure sans revenir. Je commençais à perdre patience, lorsqu'elle rentra enfin. Eh bien! charmante enfant, lui dis-je, en la faisant asseoir sur mes genoux, que voulait donc Madame? — Que je lui tinsse compagnie. Elle ne reçoit personne aujourd'hui, ne sait que faire, et s'ennuie à mourir. Occupons-nous, répondis-je à Aglaure.....

Comme ce genre d'occupation demande quelques momens

de relâche, je dis dans un de
ces momens à Aglaure : Ah ça!
vous me donnez à souper ? —
Oui, et vous sortirez ensuite. —
Ce ne sont pas là mes projets :
je couche ici. — Cela est impossible. — Pourquoi? — Monsieur
le Baron?... — Il est à la cour.
— Il peut revenir et nous sur-
prendre. — S'il revient , il ira
désennuyer Madame, c'est son
devoir. — Comment lui faire
entendre cela ? — En n'ouvrant
pas. — Je m'exposerais trop ;
s'il revient il faut que j'ouvre ;
il est d'une jalousie excessive. —

En ce cas nous lui ouvrirons.
— Et que deviendrez-vous ? —
Je n'en sais rien. Il faut espérer
qu'il n'aura pas l'impolitesse de
troubler un aussi délicieux tête
à tête. Mais je meurs de faim ;
soupons. — Je cours chercher
tout ce qu'il nous faut.

Aglaure sortit. J'ouvris le tiroir
d'une chiffonnière, j'en tirai un
livre français, et je l'ouvris ;
c'était *Faublas*. Quand Aglaure
rentra, je lui demandai d'où
elle tenait cet ouvrage *classi-
que*. — C'est Madame qui me
l'a prêté. — L'a-t-elle lu ? —

Belle question ; c'est son ouvrage de prédilection. — Ah!
que ne le savais-je il y a quinze
jours, dis-je tout bas.

Aglaure approcha une petite
table, et posa dessus une vo-
laille froide, des crêmes et
deux bouteilles de vin. Je retourne, dit-elle ; ceci n'est que
le premier service.

Elle me laissa seul encore
une fois, et revint le moment
d'après chargée de pâtisseries,
de confitures, et de quelques
flacons de liqueur. A table!
s'écria-t-elle, quand tout fut

prêt. Nous nous y mîmes, et je fis honneur à tout.

Aglaure, qui a de l'esprit naturel et possède même une teinte d'instruction, devint charmante. Je *l'enivrai* un tant soit peu, et au thirse près qui lui manquait, j'en fis la plus jolie bacchante. Mais voici le plus beau.

Je passai une soirée délicieuse avec elle. Nous épuisâmes tous les genres de plaisir, et à onze heures nous nous mîmes au lit.

Vers une heure du matin, nous sommes réveillés par un

assez grand bruit. Qu'est-ce que j'entends, dis-je à Aglaure? Elle prêta l'oreille ; c'était la grande porte de l'hôtel qui roulait sur ses gonds ; un instant après une voiture entra. Je suis perdue, s'écria Aglaure, c'est monsieur le Baron ! et elle sauta en bas du lit.

Croyez-vous qu'il vienne ici nous déranger, lui demandai-je ? — Sans doute ; il faut vous lever. — Où irai-je ? — Je n'en sais rien, mais levez-vous toujours, et aidez-moi à débarrasser ces restes du souper qui déposeraient contre moi.

Je sautai en bas du lit, et tous deux en chemise, nous nous mîmes à fourrer nos débris dans un cabinet, à la lueur d'une seule lampe de nuit. — Croyez-vous donc, Aglaure, que monsieur le Baron vienne tout de suite ici? — Il va se faire déshabiller dans sa chambre, et passera probablement dans la mienne. —Il ne rend donc jamais visite à Madame? — Rarement. — Où couche-t-il? — Son appartement est au-dessus du mien. — Et Madame? — Sa chambre

à coucher touche le boudoir où
vous lui avez donné des soins.
— S'enferme-t-elle? — Pourquoi cette question? — Il serait
plaisant que j'allasse la trouver
pendant que son époux sera
ici. — Quoi! vous me feriez
cette infidélité? — Quoi! vous
recevriez dans vos bras ce
vilain Baron? — (*Aglaure un
peu embarrassée*) Il est mon
maître. — Eh bien! sa femme
sera ma maîtresse. (*Aglaure
boude*). Supposons que je n'aille
pas trouver la Baronne, où me
cacherez-vous quand le Baron

viendra? — Dans ce cabinet. — Grand merci ! j'irai me morfondre pendant qu'un autre se réchauffera dans vos draps. — Si vous allez chez Madame, elle criera. — Les cris d'une femme jeune et jolie, que son mari délaisse, et qui lit *Faublas* ne s'entendent pas de loin. — Je vous l'avais bien dit que nous nous trouverions dans quelqu'embarras. — Il n'en est pas pour moi, vous le savez. — Que dira Madame, lorsqu'elle vous verra ainsi tomber des nues chez elle ? Je la mettrai hors d'état de faire des réflexions. — Mais demain matin? — Nous nous lèverons tous après avoir passé une nuit charmante. — Chut! j'entends marcher; c'est monsieur le Baron. — Soufflez la veilleuse, et couchez-vous. — Qu'allez-vous devenir? — Je sortirai quand le Baron entrera. — Vos habits? — Ils sont dans le cabinet. — Où irez-vous? — Chez la Baronne; il le faut bien.

En ce moment on gratta doucement à la porte. Aglaure feignit de dormir; on gratta de nouveau. Elle se leva et demanda qui est-là? C'est moi, répondit l'homme aux seize quartiers (car c'était lui-même). Aglaure ouvrit et lui dit : entrez. Elle tint la porte assez de temps entr'ouverte pour que je pûsse sortir.

Je me glissai doucement dehors, et me voilà en chemise et en caleçon, courant sans lumière dans une maison où je ne suis venu qu'une fois. Je tâchai, autant que possible, de me remettre les localités : Je me rappelai que la chambre d'Aglaure était précédée d'une petite antichambre, dont une porte donnait sur l'escalier et une autre dans les appartemens, qui conduisaient au boudoir. Je cherchai cette porte à tâtons, et la rencontrai.

Je l'ouvris ; je traversai la première chambre, puis la seconde, puis enfin toutes les autres, et j'arrivai sans accidens à la porte du boudoir, que j'ouvris encore. Le difficile était en ce moment de trouver celle qui conduisait chez la Baronne. En tâtonnant avec les mains sans

trop de précaution, je renver-
sai quelque chose que je ne reconnus pas d'abord, et qui en
tombant fit beaucoup de bruit.
Je m'arrêtai et retins ma res-
piration ; un moment après je
me baissai pour tâcher de reconnaître l'objet que j'avais fait
tomber ; je reconnus que c'était
un plâtre fort beau, que je me
rappelai avoir vu lors de ma
visite à la Baronne, et qui représentait l'*Hymen*.

Ainsi, c'était ce pauvre
dieu que je venais de mettre en
pièces. Je m'en consolai : l'A-

mour, son frère et son pendant, est placé dans un autre coin ? prenons bien garde à lui !

Je tâtonnai donc de nouveau, avec tous les ménagemens possibles, et je rencontrai enfin une porte qui ne devait pas être celle par laquelle j'étais entré dans le boudoir. La clé s'y trouvait : je la tournai bien doucement, bien doucement, et, prêtant attentivement l'oreille, j'entendis respirer. Bon ! me dis-je, l'hymen tout lourd qu'il est ne l'a point éveillée ; espérons que l'amour aura plus de pouvoir sur ses sens. Une lampe de nuit, prête à finir, et qui ne jetait qu'une lueur incertaine et vacillante, me laissa distinguer l'endroit où était le lit; je me dirigeai vers cet endroit.

En approchant de l'alcove, je frottai involontairement les rideaux qui étaient d'une étoffe de soie. Ce léger bruit réveilla à demi la Baronne, qui dit : est-ce vous, Baron ? Au lieu de répondre, je me glisse hardiment auprès d'elle.

Grand dieu! qui est là, répéta la Baronne. → C'est, Madame, l'amant le plus tendre. Et je me mis en devoir de le lui prouver. Qui êtes-vous, téméraire, dit-elle, en cherchant à m'échapper ? — Puisqu'il faut vous l'avouer, je suis ce chirurgien français qui eut le bonheur de vous voir un seul instant, il y a quinze jours. — Quelle horreur ! se peut-il ? à cette heure dans mon appartement ! fuyez, Monsieur, ou j'appelle mon mari et mes gens. — Vos gens dorment ; quant à votre mari, Madame, ne le

dérangez pas : il est en ce moment entre les bras de votre
femme de chambre. — Qui
vous la dit? — Je viens de le
voir. — Vous étiez peut-être
venu ici pour elle? — Non ,
Madame , c'est pour vous seule
et je vous adore.

Ici la Baronne se mit à pleu-
rer; ce qui me prouva qu'elle
ne pensait nullement à me renvoyer. De grâce, femme inté-
ressante, lui dis-je, ayez pitié
de mes feux ; vengez-vous des
outrages d'un époux infidèle.
— Mais, Monsieur, quelle est

cette manière de s'introduire chez les gens ? — C'est la bonne, Madame, puisque j'ai le bonheur d'être maintenant à côté de vous. — Cela est sans exemple. — J'ai donc le mérite de l'invention ; la gloire en est plus grande.

Enfin, je priai, je sollicitai un pardon, que l'on me refusait. Je l'obtins enfin avec bien de la peine. Mais quelle est la femme assez injuste pour conserver de la rancune contre un homme qui lui demande tendrement pardon plusieurs fois, en moins de deux heures,

Tout allait pour le mieux jusqu'alors; le succès passait mes espérances, et je pouvais me dire plus heureux que sage. Mais comment quitter la Baronne? comment r'avoir mes effets qui étaient dans le cabinet d'Aglaure? comment empêcher celle-ci d'être chassée par sa maîtresse? comment ôter à cette dernière l'idée cruelle que son mari la sacrifiait à une grisette? Voilà les problèmes que je me proposais et dont je ne trouvais pas la solution. Je faisais ces réflexions pen-

dant que ma jolie Baronne,
fatiguée de plaisir, s'était endormie sur mon sein; pour
la première fois de ma vie peut-
être, la raison eut assez d'empire
sur moi pour retarder mon
sommeil. Après avoir bien ré-
fléchi, ne trouvant aucun
moyen de sortir d'embarras,
j'imitai la Baronne, abandon-
nant à la Providence le soin
de me tirer d'affaire.

Le jour commençait à pa-
raître lorsque je m'éveillai, la
Baronne dormait encore. Il
fallait prendre un parti

rien ne se présentait à mon imagination. J'entends ouvrir doucement la porte de la chambre ; mon premier mouvement est d'enfoncer la tête sous la couverture. Cependant je me hasarde à regarder, et je vois Aglaure qui s'avançait sur la pointe des pieds — vos habits sont dans le boudoir, homme singulier, me dit-elle. Une réflexion vint m'éclairer sur le champ. — Est-on levé dans l'hôtel? — Il ne doit y avoir que le concierge. — La porte est-elle ouverte ?

— Oui. — Sauvez-vous, je réponds du reste.

Aglaure sortit. Je me mis
alors à réveiller la Baronne,
comme on raconte que Mars
éveilla Vénus. Elle rougit en
voyant le jour et en se trouvant
dans mes bras. La conservation
de votre honneur, lui dis-je,
exige que je vous laisse ; il faut
m'arracher de vos bras ; mais
avant de vous quitter, je dois
solliciter le pardon d'un mensonge que je me suis permis
cette nuit, pour vous engager à
m'être favorable. — Qu'est-ce

donc ? — J'ai ôsé vous dire que monsieur le Baron était couché avec votre femme de chambre ; rien n'est plus faux.

Alors, après lui avoir juré mes grands dieux que je lui avais fait un conte, j'en imaginai un autre fort ingénieux, à l'effet de lui prouver que mon amour pour elle m'avait engagé à user de stratagême pour entrer dans l'hôtel.

Elle me crut ou fit semblant de me croire. Je la priai de me conserver son amitié, et je me levai après lui avoir donné

quelques baisers. Où sont donc
vos effets, me dit-elle, comme
je lui faisais mes adieux? Dans
votre boudoir, répondis-je; je
courus les chercher, les lui
montrai et la quittai.

Je m'habillai ensuite en toute
hâte, et je parvins jusqu'à la
porte de l'hôtel, après avoir
été assez heureux pour ne rencontrer personne. Dumont
vivrait mille ans avant de se
voir le héros d'une pareille
aventure. Amitié.

FIN DE LA SOUBRETTE.

UNE AVENTURE TRAGIQUE.

Édouard Dumont à Alexandre Roch.

Je crois devoir vous donner connaissance, mon cher Roch, d'un événement tragique qui vient d'avoir lieu presque sous mes yeux; cet événement est

arrivé à un jeune et brillant officier, qui, comme vous, se
jouait de la *vertu* des femmes,
et de la *bonté* des maris. Vous
me ferez, si vous le jugez con-
venable, une réponse aussi
concluante que celle que vous
fites à l'occasion de *l'histoire
larmoyante* de la Fille du Pasteur de Neustadt.

Un officier attaché à l'état-
major du prince de ***, était
depuis environ trois mois en
liaison intime avec la femme
d'un des premiers négocians de

la ville de ***. Il ne logeait pas chez ce dernier, mais il avait fait connaissance de la dame dans une maison où l'on donnait, presque toutes les semaines, des fêtes fort brillantes.

Le mari, très-adonné à ses affaires, n'avait pas (il faut en convenir) pour sa femme tous les soins qu'auraient pu réclamer sa jeunesse et sa beauté; cependant il l'aimait et tenait singulièrement à la conservation de son honneur.

Obligé de faire de fréquentes absences pour se rendre à une

petite ville voisine où il avait
des magasins immenses., il lais-
sait à cet officier et à sa coupa-
ble épouse le temps de se voir,
librement. Comptant sur les
principes de sa femme, il ne l'a
gênait en rien. L'indiscrétion
de l'amant ouvrit enfin les
yeux du mari.

Il observa la conduite de son
épouse, se ressouvint dequel-
ques propos indiscrets tenus
par l'officier, et le soupçon,
quelquefois plus affreux que la
conviction, se glissa dans son
ame. Il résolut de se tranquilli-

ser ou de connaître son malheur.

A cet effet, il s'absenta comme de coutume, et à l'époque où il devait revenir, il écrivit à sa femme que, retardé par des affaires, il ne retournerait chez lui que dans un mois. A cette nouvelle, les amans ne gardèrent presque plus de mesure, et il ne se passait presque pas de nuit que ladame ne reçût l'officier dans son lit.

Une nuit qu'ils étaient ensemble, le mari descend secrètement chez lui, pénètre dans sa maison par les magasins, et arrive jusqu'à l'antichambre qui précédait la chambre à coucher de sa femme, sans troubler le repos d'aucune des personnes qui l'habitaient. Là, il se recueille un instant et prête une oreille attentive : il n'entend pas le plus léger bruit.

Il entre alors dans la chambre, va droit au lit, et trouve sa femme endormie dans les bras d'un jeune homme. A cette vue il perd la tête, sa raison s'égare ; furieux, il tire un couteau, et le plonge dans le sein

de sa malheureuse femme.
Eveillé par les cris qu'elle jette,
l'officier ouvre les yeux, voit
devant lui un homme, et re-
connaît le mari qu'il outrage. A
la vue du couteau ensanglanté,
que tient encore l'assassin, il se
croit perdu sans ressource.

Ne craignez rien, lui dit
froidement celui-ci, vos jours
sont entre mes mains, mais je
n'en abuserai pas.

En disant ces mots, il tire de
sa poche une paire de pistolets,
les met dans le chapeau de l'officier, et les lui présente en di-

sant : l'un des deux est chargé, choisissez ; le crime est heureux. L'officier paraît hésiter... Prenez, lui dit l'Allemand avec le plus grand flegme...

C'eût été une lâcheté de balancer plus long-temps. Il prend l'un des pistolets : Tirez, lui dit son adversaire.

L'officier obéit ; l'amorce s'enflamme, mais le pistolet n'est point chargé. C'est maintenant à moi, dit le négociant. Après ce peu de mots, il ajuste l'officier et tire. Le coup part :

et l'adultère tombe baigné dans son sang.

Au bruit du coup de pistolet, on s'éveille dans la maison ; tout le quartier est bientôt en rumeur , lorsqu'on entend une seconde détonation.

On vient, on entre dans la chambre, et l'on trouve trois cadavres. L'officier , à qui il restait cependant encore un souffle de vie , apprend aux assistans les détails de cette horrible affaire, et meurt peu de temps après.

Mon cher Roch, vous avez de l'honneur, réfléchissez. Adieu.

FIN D'UNE AVENTURE TRAGIQUE.

L'ORDRE DU DÉPART.

Charles de Monthalain à Alexandre Roch.

Un capitaine des grenadiers d'un des régimens qui se trouvent depuis peu sous les ordres de mon général, a singulière-

ment diverti l'auditoire hier, à
l'issue du dîner, en nous racontant une aventure, dont le lieutenant et le sous-lieutenant de
la compagnie qu'il commande
sont les héros.

J'ai pensé que le récit vous
en amuserait, et je vais essayer
de le faire. Je regrette de ne
pouvoir conserver le ton de
franchise militaire du narra-
teur. Nous le laisserons parler.

« Environ quinze jours après
la conclusion de l'armistice, et
pendant qu'on s'occupait des
préliminaires de la paix avec

l'Autriche (en 1809), le régiment dont je fais partie, fut divisé en petits détachemens, pour prendre des cantonnemens dans les environs de Krems, non loin du Danube. Pendant plusieurs semaines nous occupâmes un territoire assez pauvre, où la présence des troupes était une calamité pour les habitans ; après la guerre on a bon appétit, et les vainqueurs sont exigeans.

Nos paysans étaient sur les dents : le vin commençait à manquer, et les pommes de

terre même, ce précieux tuber-
cule, étaient déja d'une inquié-
tante rareté. On eut égard à
nos réclamations, et de nou-
veaux cantonnemens nous furent assignés.

Je reçus l'ordre de me rendre à cinq lieues du point où
nous étions, pour aller occuper
avec mes grenadiers le petit
village d'Eckendorff. Le guide
que je pris pour nous conduire
en cet endroit, nous apprit que
le village était agréablement
situé, les habitans à leur aise et
le sexe fort joli...

Vous savez que nous ne manquons jamais de faire certaines questions avant d'habiter militairement un lieu quelconque. Mais ce qui fut singulièrement du goût de mes lieutenans, c'est que notre guide nous apprit aussi que monsieur le comte de Wersberg, noble, très noble seigneur avait une terre en ce lieu, qu'il habitait pour le moment, avec Mesdames ses sœurs, chanoinesses de je ne sais quel noble Chapitre.

Il s'agissait de savoir l'âge de ces dernières ; c'est l'article essentiel. Nous apprîmes que la plus âgée avait un peu plus de trente ans, et la seconde moins de vingt-cinq. Il fallait voir le sourire errer sur les lèvres de mes deux jeunes officiers : deux chanoinesses !...

Nous arrivâmes de bonne heure à Eckendorff. Dès qu'ils entendirent le son de la caisse, les bons habitans sortirent en foule de leurs maisons, et vinrent curieusement à notre rencontre.

Je venais de faire reposer mes grenadiers sous les armes,

et j'allais procéder à la distribution des logemens, lorsqu'un vieillard de fort bonne mine se présenta, et, m'adressant la parole en français très-pur, il m'apprit qu'il était le comte de Wersberg, seigneur du lieu, et qu'il espérait que Messieurs les officiers français n'auraient pas d'autre logement que son château. Rien ne pouvait nous être plus agréable.

Après avoir échangé quelques politesses, je congédiai la troupe, et nous le suivîmes; il m'adressa nombre de questions sur l'état des négociations et sur leur issue probable ; j'y satisfis de mon mieux, et nous entrâmes dans la cour du château.

Je vais avoir l'honneur, nous dit-il alors, de vous présenter à ma famille, c'est-à-dire, à mes sœurs, car j'ai le malheur d'être veuf.

Mes lieutenans s'excusèrent et demandèrent la permission de se mettre en état de paraître devant ces dames. Une demi-heure nous fut accordée.

Lorsque je voulus quitter le Comte, il désira me conduire

à l'appartement qui m'était destiné, et ne me quitta qu'après m'en avoir fait les honneurs. Le château, bâti presque à la moderne, se composait de deux étages de maître ; monsieur de Wersberg occupait le premier avec Mesdames ses sœurs ; il nous abandonna tout le second, moins une salle située au fond d'un corridor, et qui, nous dit-il, était sa salle d'armes ; il nous engagea poliment à la visiter, et nous prévint qu'il ne la fermait jamais que le soir.

C'est là , poursuivit-il , que j'ai réuni les portraits de ma longue suite d'aïeux ; et vous y verrez les armures complètes que plusieurs portaient à l'époque reculée et toujours glorieuse des Croisades. Après nous avoir installés tour à tour , il nous quitta.

Lorsque je descendis au salon , je trouvai mes jeunes officiers en conversation réglée avec ces dames ; elles parlaient fort bien notre langue , et je puis dire que, telle était déjà l'espèce d'intimité qui commençait à régner, que mes lieutenans me présentèrent, presqu'autant que le Comte, à Mesdames les Chanoinesses. Leur abord était fort agréable, et rien dans leur maintien n'annonçait des dispositions à la pruderie. Il me sembla, tout au contraire, qu'elles avaient une sorte de prédilection pour les officiers français, en général.

On nous fit bientôt passer dans la salle à manger, où nous attendait un fort beau repas, auquel nous fîmes honneur.

Quand ces dames apprirent que nous étions musiciens tous les trois, elles parurent enchantées.

En effet, le sous-lieutenant touche assez bien du piano, le lieutenant peut, avec son violon, faire danser une contredanse; et moi, je joue de la flûte en amateur de troisième force.

La journée se passa fort agréablement. Toutes les journées qui la suivirent se passèrent plus agréablement encore. En Allemagne, on est promp-

tement à son aise avec ses hôtes;
c'est vraiment pour les militaires un pays de Cocagne. On
faisait fréquemment de la musique, on jouait, on se prome-
nait ; plusieurs fois monsieur le
Comte nous emmena dans le
voisinage , où nous fîmes des
parties charmantes.

Quinze jours s'écoulèrent
ainsi , comme un songe. Au
bout de ce temps , je reçus
l'ordre de me tenir prêt à partir
au premier signal. Je fis part de
cet ordre à mes deux officiers.
Il me sembla que leurs mines
s'allongeaient...

Je n'aurais pas été fâché moi-
même, je l'avoue, de rester le
plus long-temps possible à
Eckendorff ; je m'y trouvais
fort bien ; mais un des moindres inconvéniens de notre état
c'est qu'on se voit presque toujours forcé de quitter les lieux
où l'on aimerait à résider.

Je prévins mes grenadiers
qu'ils devaient se tenir prêts à
se mettre en route au premier
signal du tambour, et, comme
les ordres de marche sont presque toujours transmis de nuit,
je fis coucher au château les

deux tambours de ma compagnie, afin de les avoir toujours sous la main.

Mes deux lieutenans étaient désolés; de gros soupirs s'échappaient de leur poitrine au moindre mot de départ, et je croyais démêler dans les regards de ces dames quelque chose qui semblait indiquer à-peu près la même regret.

Le comte de Wersberg, brave homme s'il en fut, était fort rangé, très-esclave de ses habitudes et même un peu maniaque. Il ne se couchait jamais sans avoir scrupuleusement visité tous les recoins du château, et sans s'être assuré que tout était à sa place.

En passant dans les corridors, il prenait les clés des chambres non occupées, et n'oubliait jamais de fermer la salle d'armes, dont la porte (notez bien ceci) était contiguë à celle des lieutenans.

Leur appartement se composait de deux chambres à coucher, que séparait une antichambre commune. Je logeais deux portes plus loin, précisé-

ment au dessus de l'appartement de Mesdames les Chanoinesses.

Une nuit, qui suivait un
jour où nous avions été dîner
dans le voisinage, je dormais
profondément, lorsqu'on frappe assez rudement à ma porte ;
je laissais habituellement la clé
en dehors, à l'imitation de mes
deux officiers, (ce qui fâchait
même un peu monsieur le
Comte, grand ami de l'ordre,
ainsi que je l'ai dit). On entre :
c'était le concierge, armé
d'une lanterne, et conduisant

un soldat d'ordonnance, porteur d'un paquet à mon adresse. Je me lève, et j'ouvre le paquet; il contenait un ordre de départ, mais un ordre tellement pressant, que je ne devais pas perdre une demi-heure.

Je mande un des tambours; il vient; bats sur le champ la générale dans le village, lui dis-je, et cours prévenir les sous-officiers que le lieu du rassemblement est dans la cour du château; il sort.

Pendant qu'on exécute mes ordres, je fais éveiller mon do-

mestique; il ferme mon porte-
manteau; et, après avoir recom-
mandé d'éveiller les lieutenans,
je descends dans la cour.

Les tambours battaient sur
tous les points dans le village ;
déjà même quelques soldats, qui
couchaient presqu'habillés dans
les granges, à cause de la cha-
leur, étaient arrivés au rendez-
vous, et je ne voyais pas paraître les officiers.

Le sergent-major se présente;
je l'envoie à leur chambre ; il
revient et me dit qu'ayant trouvé la porte fermée, il s'était

contenté de frapper à coups
redoublés. Je prends patience.
En levant, par hasard, les yeux
en l'air, je crois distinguer à tra-
vers les vîtres des croisées du corridor qui ouvrent sur la cour,
deux fantômes blancs qui er-
raient comme des âmes privées
de sépulture, et montaient et
descendaient d'un étage à l'autre, avec tous les signes d'une inquiétude visible. Bientôt je les
perds de vue.

Pendant ce temps, les grenadiers arrivaient, et les sous-
officiers les formaient sur trois
rangs. J'ordonnai alors qu'on

commençât l'appel ; cela fait, les officiers ne paraissant pas , je fis commencer un roulement prolongé , qui ne m'amena que monsieur le Comte en robe-de-chambre.

Qu'est-ce , qu'y a-t-il , me dit-il , en me voyant ? — Rien , monsieur le Comte , sinon que nous vous quittons. — Cette nuit même ? — A l'instant. — Sans faire vos adieux à ces dames ? — Il le faut bien. — Et sans rien prendre ?... Mais , à propos , où sont donc nos jeunes officiers ; je veux absolument

qu'ils prennent quelque chose.
— Je les attends, et suis sur-
pris de ne les point voir paraître.

J'avais à peine dit ces mots,
que j'entends de grands éclats
de rire qui partaient des rangs
de mes soldats, je regarde et
vois venir à moi deux chevaliers
armés de toutes pièces, le cas-
que en tête et la lance au poing.
Mein gott ! s'écrie le Comte, que
vois je ! est-ce une illusion !....

Pendant ce temps, un des
chevaliers errans s'approche
de moi, baisse sa visière, et je

reconnais mon sous-lieutenant.
Mille pardons, me dit-il, tout
bas, capitaine, mais ce qui nous
arrive est tellement extraordi-
naire... — Que signifie cette
mascarade au moment d'un
départ? — Nous sommes à la
porte de nos chambres ; pendant que nous nous trouvions
dehors, ce damné Comte a
enlevé notre clé. Quand nous
avons entendu le bruit de la
caisse, nous nous sommes pré-
cipités pour rentrer et nous ha-
biller; mais hélas! nous étions enfermés en dehors!.. — Où donc

pouviez-vous être à cette heure ?
— Ah ! voilà !... Excusez-nous, capitaine ; nous vous le dirons. — Mais ces armures ?
— Nous étions nus, en chemise ; le moyen de descendre ainsi dans la cour, et de paraître devant la compagnie ?... La salle d'armes n'était point fermée ; nous y sommes entrés, et nous avons pris ces cuirasses et ces brassards pour nous présenter décemment.

J'éclatai de rire... Le Comte s'approcha ; c'est monsieur N***, dit-il, en regardant le sous-

lieutenant ; expliquez-moi ?...
— Je vois ce que c'est, monsieur le Comte : n'avez-vous
pas pris hier, comme de coutume, en vous couchant, les
clés de certaines portes ? — Oui
vraiment, elles sont dans ma
chambre. — Vous vous serez
trompé ; au lieu de prendre
celle de la porte de la salle
d'armes, vous aurez emporté
la clé de la chambre de ces
Messieurs, qui est voisine. —
Mais si cela était, ils seraient
enfermés. — Ils ne le sont pas ;
vous les voyez devant vous. —

Par quel prodige!... — Doucement. Pas de bruit; je vais vous expliquer cela. Remontons ensemble.

Le Comte me suivit; je fis signe aux paladins d'en faire autant; ils obéirent. Une fois chez le Baron, je lui demandai son trousseau de clés; il me le remit. J'ouvris à mes deux étourdis, qui quittèrent leur armure, et s'habillèrent en toute hâte. Je ne laissai pas au Comte le temps de la réflexion; après avoir fait mes adieux, je l'embrassai, je donnai le signal du départ, et nous nous mîmes en route.

Je n'ai jamais parfaitement compris ce qui avait nécessité l'absence des deux officiers : comment le Baron, en se trompant de porte, ne les a-t-il point enfermés ; ils étaient donc à courir la maison ? Mais en chemise!... Cela ne se conçoit pas...

A force de me creuser le cerveau, je me suis souvenu que les deux Chanoinesses, folles de la musique, avaient un piano dans leur chambre ;

auraient-ils été faire de la musique avec ces dames?... Mais la nuit ; mais...

. . . . : Dans le simple appareil
D'un officier qu'on vient d'arracher au sommeil.

Je m'y perds. A vous parler franchement, je crois cependant qu'il y a de l'amour là-dessous. Tâchez de deviner.

FIN DE L'ORDRE DU DÉPART.

LES TROIS DUELS.

Alexandre Roch à Charles de Monthalain.

Vante qui voudra le beau métier des armes ; je maintiens, moi, que c'est le dernier de tous les états. J'étais bien tran-

Tome II.   7.

quillement établi dans une des meilleures villes de garnison de la belle Italie, et voilà qu'un ordre du ministre de la guerre m'envoie en Espagne, où je n'avais nulle envie de me rendre.

J'obtiens, à la vérité, un grade que je n'attendais presque plus; mais je perds une maîtresse charmante, une jeune Italienne, aussi vive que spirituelle et jolie, et dont les sermens d'aimer toujours, étaient prononcés avec un ton singulier de candeur et de

bonne foi. Je ne suis point de
ces Pyrrhoniens qui doutent
de tout, même de la fidélité
des dames ; j'aime à croire, et
je m'en trouve bien : cela dis-
pense de toute inquiétude.

Un sous-lieutenant de mon
régiment qui passe, en même
temps que moi, avec de l'avan-
cement, dans un des régimens
de l'armée de Catalogne, a fait
long-temps route avec moi. Il
n'y a que peu de jours que nous
nous sommes séparés, parce
que je veux profiter de mon
passage en France, pour revoir

mes parens. Sa gaîté, l'origina-
lité de ses manières me conve-
naient singulièrement, et je
n'ai pas eu à me repentir de
me l'être associé pendant la
route. Il est Gascon de nais-
sance, et, quand on ne le saurait pas, son accent et l'ensemble de ses gestes, vous en
avertiraient ; il a dans les habitudes du corps, dans les
moindres mots, et dans la manière de les prononcer, quelque chose qui décèle à chaque
instant son origine. En voulez-
vous une preuve : Au moment

de notre départ, il m'a géné-
reusement offert sa bourse; et
je me suis trouvé, en nous
quittant, son créancier pour
une somme de près de deux
cents francs. Il me la rendra;
j'ai sa parole et l'adresse de sa
famille : il est d'Auch, département du Gers; je n'ai garde
de douter de sa solvabilité.

En attendant que j'entrepren-
ne le galant récit de mes aventures d'amour, je vais essayer
de vous rendre le plaisir qu'on
m'a fait, en vous racontant une
aventure éminemment tragique

et dont un Gascon est le héros.
Afin de donner plus d'intérêt
à mon récit, je vais lui laisser
la parole.

« En 1806, mon régiment
traversait une partie de la
France, pour se rendre en Italie, où nous brûlions tous d'arriver. Les anciens *troupiers* (1)
de l'armée de Masséna nous
avaient dépeint ce pays comme
un pays de Cocagne; à les entendre, non seulement les
alouettes y tombaient toutes
rôties, mais il suffisait de s'ar-

____

(1) Les militaires donnent le nom de *troupiers* aux
vieux serviteurs dont l'éducation a été négligée.

rêter deux heures dans une ville quelconque, pour que chacun trouvât sa chacune. J'ose dire qu'ils avaient raison : à Véronne, je me suis vu quinze maîtresses charmantes sur les bras; et, lors de notre départ de Milan, je fis prendre le deuil à vingt-cinq ou trente dames de la plus haute qualité. Si je pouvais ouvrir mes malles (il n'avait qu'un très-petit porte-manteau) je vous ferais voir la plus belle collection de miniatures qu'il soit possible de réunir; croyez-moi si vous le voulez, je possède en boucles de cheveux de quoi composer la plus vaste perruque à la Louis XIV.

Lyon, que je n'avais jamais visité, est une des plus belles villes et des plus intéressantes qu'on puisse voir. Nous y fîmes un double séjour, pendant lequel je vis tout ce qu'il y avait de curieux.

J'étais, la veille du jour de notre départ, au grand théâtre, derrière les Terraux, et j'écoutais avec un vif sentiment de curiosité, une petite actrice fort jolie, que je croyais reconnaître pour une de mes vieilles connaissances ; au moment où je faisais part de cette découverte à un officier de mes amis, qui m'accompagnait, un jeune homme de haute taille et fort comme un Turc, me prie de parler plus bas ; je lui réponds que je n'ai jamais souffert qu'on m'imposât silence. Je le croirais, me dit-il insolemment, si votre accent ne m'avertissait qu'on doit être en garde contre vos assertions.

Un soufflet est ma réponse ; il veut riposter par un coup de pied dans le derrière, mais je

me retourne avec adresse , et je
le reçois, par dieu . dans le ven-
tre ; un lion en furie est moins
redoutable que moi , lorsque je
suis dans mes accès de colère ;
je me précipite sur lui ; on nous
sépare heureusement; nos adres-
ses sont échangées , et nous
convenons de l'heure du rendez-vous. Je le quitte pour aller
me coucher , et je dors comme
un bienheureux.

Le lendemain je cours à son
logement , dès quatre heures
du matin ; on battait le rappel
à cinq, et je n'avais pas de

temps à perdre. Je dois dire à sa louange qu'il m'attendait avec un témoin; j'avais, de mon côté, choisi pour second un de mes camarades, qui me servait de tenant dans toutes les occasions de ce genre ; il avait de la besogne : depuis ma sortie du collége, il ne se passe pas une semaine que je ne me batte deux ou trois fois.

J'engage mon adversaire à se hâter, parce que je ne veux point manquer à mon devoir ; nous partons, et derrière une maison des Brotteaux, (1) nous

_____

(1) Un des faubourgs de Lyon.

mettons l'épée à la main ; il était de première force, et sans mon incroyable sang-froid, il est probable que j'aurais pu me tirer fort mal de cette affaire:

Après quelques bottes insignifiantes, il me porte un coup terrible, que je pare avec adresse ; et, me fendant à fond, je l'atteins droit au cœur, et lui traverse le corps.

Je jette à son témoin un flacon de sels, que je porte toujours sur moi pour ces sortes d'occasions ; je recommande le blessé à ses soins, et je m'éloi-

gne, suivi de mon camarade.
On faisait l'appel des compagnies, lorsque nous arrivâmes au lieu du rassemblement; je me mis à mon poste, sans faire paraître le plus léger trouble, et l'on se mit en route.

Nous marchions par journée d'étape; il fallait traverser le Mont-Cénis, pour déboucher dans les riantes plaines du Piémont, par Suze et la Novalèse.

On s'entretenait en route des difficultés du passage des Alpes, sur ce point peu accessible ; car, à cette époque, la belle route qu'on suit maintenant, n'avait point encore été tracée par les soins du gouvernement français.

Arrivé aux Echelles, bourg de l'extrême frontière de Savoie, on s'occupe de loger le régiment par petits détachemens, qui devaient passer la nuit dans les hameaux voisins. J'allais partir avec ma compagnie pour notre destination de nuit, lorsque je sens qu'on me frappe sur l'épaule, en m'appelant par mon nom ; je me retourne et j'aperçois un jeune homme de bonne mine, qui paraissait étranger dans ces lieux.

Je lui demande ce qu'il désire. Avoir un moment d'entretien avec vous, me répondit-il, en présence d'un de vos camarades et de l'ami qui m'accompagne.

Je demande à mon capitaine la permission de m'éloigner pendant quelques instans, et, après avoir fait signe au lieutenant de la compagnie de venir avec moi, je me mets à suivre

le jeune homme. En marchant
à côté de lui, il me semblait
que ses traits ne m'étaient pas
absolument inconnus...

Lorsque nous fumes à une
certaine distance, il s'arrêta et
me dit : Vous avez eu à Lyon,
une affaire d'honneur? — Qui
vous a informé? — Je le sais ;
votre adversaire était mon pro-
pre frère; il est mort depuis
quatre jours; j'ai pris, sur le
champ, la poste, dans l'espoir
de vous atteindre, et je viens
venger sa mort.

Je voulus balbutier quelques

mots, il ne m'en donna pas le temps. — Si vous n'êtes pas un lâche, un infâme, vous mettrez l'épée à la main avec moi. Il n'y avait pas moyen de reculer.

Nous nous enfonçâmes dans les rochers, et seuls avec nos témoins, à la première place un peu commode que nous rencontrâmes, nous mîmes flamberge au vent.

Avant de commencer le combat ; je voulus lui adresser quelques paroles ; il ne m'en laissa pas le temps ; défendez-vous, me cria-t-il avec l'accent de la rage et du désespoir; il faut qu'un de nous deux reste sur le coup.

Je mesurai de l'œil ce nouvel adversaire : il était, je crois, plus grand et plus fort que le premier; la peur, dit-on, grossit les objets, mais je suis inaccessible à ce honteux sentiment.

J'avais affaire cette fois au premier tireur de tout le département du Rhône; je m'en aperçus promptement; il ne me ménageait point; je fus obligé

de faire de même. Le croirez-
vous, nous ferraillâmes plus
d'un gros quart d'heure sans
pouvoir nous toucher ; mon
témoin ordinaire, muet d'éton-
nement , trouvait surprenant
que je n'eusse pas encore mis
le Lyonnais hors de combat.
Enfin, je rassemblai toutes mes
forces, et lui portant une botte,
que m'a enseignée le premier
maître d'armes de Pézénas, je
l'atteignis au-dessous de l'ais-
selle. Il est rare que de pareils
coups ne soient pas décisifs : je
le vis bientôt pâlir et chanceler.

Je suspendis le combat ; il perdit connaissance, et dans moins de temps que je n'en mets à vous le raconter, il avait cessé de vivre. Nous nous éloignâmes promptement.

Deux jours après, j'étais ainsi que le régiment, de l'autre côté des Alpes, et dans la semaine, nous avions fait notre entrée à Turin. C'était là que devait m'arriver l'aventure la plus surprenante, dont jamais on ait ouï parler.

Je ne vous citerai pas les bonnes fortunes sans nombre

que j'eus dans cette ville de dé-
lices ; je me tairai sur les agré-
mens de toute espèce qu'elle
renferme : vous connaissez mon
aventure avec la maîtresse de
ce prince Italien ; mon histoire
des deux sœurs ; mes carava-
nes dans les campagnes avoisi-
nantes, et les cinq ou six leçons
que j'ai données à de jeunes
seigneurs piémontais, qui vou-
laient me disputer le pas chez
leurs belles. J'ai, dieu merci,
fait assez de bruit ; mais je dois
vous donner connaissance de
la fin de mon affaire de Lyon.

Je passais un jour pour me rendre à la caserne, devant le bureau des diligences, que régit la maison Bonafoux et compagnie, diligences qui correspondent avec celles de la France et de l'intérieur de l'Italie. La voiture de Lyon arrivait à l'instant même.

Guidé par un mouvement machinal de curiosité, j'entrai dans la cour ; les voyageurs descendaient de voiture, et chacun d'eux s'occupait à faire débarrasser ses bagages.

Deux jeunes hommes des

cendirent les derniers ; à la vue de mon uniforme, un des deux me regarda avec une attention très-marquée, et me signala du geste à son compagnon ; au même instant , il s'approche de moi, et tâchant de distinguer le numéro de mon bouton , il me demande si je ne fais point parti du 5e. de ligne.

Je réponds affirmativement. S'il en est ainsi, reprend-il, vous devez connaître celui des officiers de ce régiment qui , lors de son passage à Lyon ,

eut une affaire bien malheureuse avec un jeune homme de
cette ville. — Pourquoi cette
question? — Nous avons à lui
parler. — Voudrait-on l'inquié-
ter? — Nous sommes gens
d'honneur. — En ce cas, vous
l'avez devant les yeux.

A ces mots, le plus jeune
des deux voyageurs pâlit et
rougit successivement, et je
vois la fureur la plus vive se
peindre dans ses yeux. Regar-
dez-moi bien, dit-il, Monsieur,
c'est pour vous que je fais ce
voyage, ne me trouvez-vous pas

un air de ressemblance avec vos deux victimes... je suis leur frère... Je réponds sans me troubler. Eh bien ! me dit-il, puisque le hasard me favorise , je ne vous quitterai pas que je ne sois vengé. Marchons !

Pour le coup, je n'oserais vous dire que je n'éprouvai pas ce sentiment qui, sans être de la crainte , occasionne toujours une espèce de saisissement. Le souvenir de ce qui s'était passé se retraça subitement devant mes yeux ; je vis distinctement les deux malheureux qui m'avaient provoqué, et que j'avais rayé de la liste des vivans. Suis-je donc destiné, me dis-je, à faire disparaître toute une génération !

Il remarque mon trouble, et, le prenant pour de la frayeur, abominable assassin, s'écria-t-il, tu as bu le sang de mes deux frères ; viens, le troisième est décidé à vendre chèrement sa vie. Je ne vous demande, lui dis-je, que le temps d'aller prévenir un ami ; soyez dans une heure sur le chemin de Moncallier ; je ne me ferai pas attendre. Il exigea presqu'impérieusement ma parole, que je lui donnai sans la moindre hésitation.

Je gagnai la demeure d'un officier, que je savais disposé à m'accompagner. Je lui contai ma bizarre aventure, et nous partîmes.

Je dois l'avouer, en me rendant au lieu du rendez-vous, j'étais méconnaissable ; il me semblait que j'allais commettre une mauvaise action. Reculer cependant était impossible ; il fallait marcher.

Mes antagonistes étaient au rendez-vous ; je remarquai qu'ils avaient apporté une boîte de combat. Je ne sais pas tirer l'épée, dit tout de suite le plus jeune ; j'espère que j'ai le choix des armes.

Je ne répondis rien ; on ouvrit la boîte, et lorsque les pistolets furent chargés par les témoins, on convint de tirer à cinq pas... Je me bats à outrance, dit mon nouvel adversaire ; mes adieux sont faits à ma patrie ; mon père, ma mère sont morts depuis long-temps, et je n'ai plus de frères; il m'importe peu de mourir de la main d'un assassin.

Le sort me donna le droit de tirer le premier; je fis mine de porter en l'air le bout du canon de mon arme; que faites-vous, lâche, me dit mon fougeux ennemi, n'avez-vous donc plus soif de notre sang; tirez, jouissez de toute la plénitude du droit que vous donne le hasard... je l'ajustai; le coup partit, la balle atteignit un arbre voisin... Il mit en joue avec le plus grand sang-froid, tira de même ; j'entendis le sifflement du projectile... la balle me traversa le crâne, et... je tombai roide mort....

Depuis ce jour, ajouta-t-il, en partant d'un grand éclat de rire, je ne vis plus ; je suis trépassé ; trop heureux, lorsqu'en ma qualité de mort de bonne humeur, je trouve, comme aujourd'hui, l'occasion de m'amuser de la crédulité d'un vivant.

Comment trouvez-vous la mystification ?

FIN DES TROIS DUELS.

SUITE ET FIN DE L'HISTOIRE .D'UNE JOLIE COMTESSE.

—————⊷✸⊶—————

Charles Monthalain à Edouard Dumont.

L'HOMME propose, et Dieu dispose : après un silence forcé de plusieurs mois, au moment où je m'apprêtais à reprendre le récit des amours du général *** avec la belle Ninette, un changement de résidence m'oblige à le retarder indéfiniment.

Mon général est nommé à l'ambassade d'une Cour du nord : me voilà forcé de me remettre à étudier l'allemand, pour lequel j'ai un éloignement dans le genre de celui qu'éprouvent tous les écoliers pour la langue latine.

Vous vous contenterez, jusqu'à nouvel ordre, mon cher ami, de l'abrégé très succint de ce qui est arrivé à Madame de B***.

Il est inutile de vous dire que le général fut promptement heureux ; je ne vous ferai pas l'injure de croire que vous n'avez pas deviné le cumul de l'aide-de-camp. Le Comte fut bientôt le seul qui eût à se plaindre des rigueurs de sa femme.

Lorsque le général *** fut rappelé en France, ce qui eut lieu après une liaison de plusieurs années, la Comtesse tendit à son successeur un piége qui le fit tomber promptement dans ses filets ; après celui-là il en vint un autre qui eut le même sort. La belle Ninette faisait en quelque sorte partie obligée de l'hôtel du gouvernement; on aurait pu l'inventorier avec le mobilier.

Les années vinrent apporter quelques changemens à sa beauté; aux officiers généraux succédèrent les officiers supérieurs, et à ceux-ci les officiers subalternes. Elle se sépara de son mari, et finit par vivre avec le genre humain.

On compterait, je crois, plus aisément les grains de sable de la mer, qu'on ne dirait, à cent près, le nombre de ses intrigues. Un jour, ses archives amoureuses seront très-bonnes à consulter ; elles donneront la clé d'une foule d'événemens et de négociations qu'il serait impossible d'expliquer sans cela. Peu d'agens diplomatiques ont eu des relations plus étendues chez l'étranger.

La Comtesse de B*** connaît preque tout l'état-major de notre armée ; on la croit en état de fournir au ministère les notes les plus détaillées sur le degré de valeur et la capacité de nos généraux les plus connus. Si quelque jour elle publie des Mémoires, on se les arrachera.

Je n'ai que le temps de vous dire que je vous aime de tout mon cœur. Cette fois, j'espère, vous ne pouvez pas vous plaindre de ma prolixité : je compte bien échapper aux plaisanteries de Roch lui-même.

FIN.

TABLE

DES CHAPITRES.

CONTENUS DANS LE SECOND VOLUME.

FIN DE LA TABLE.

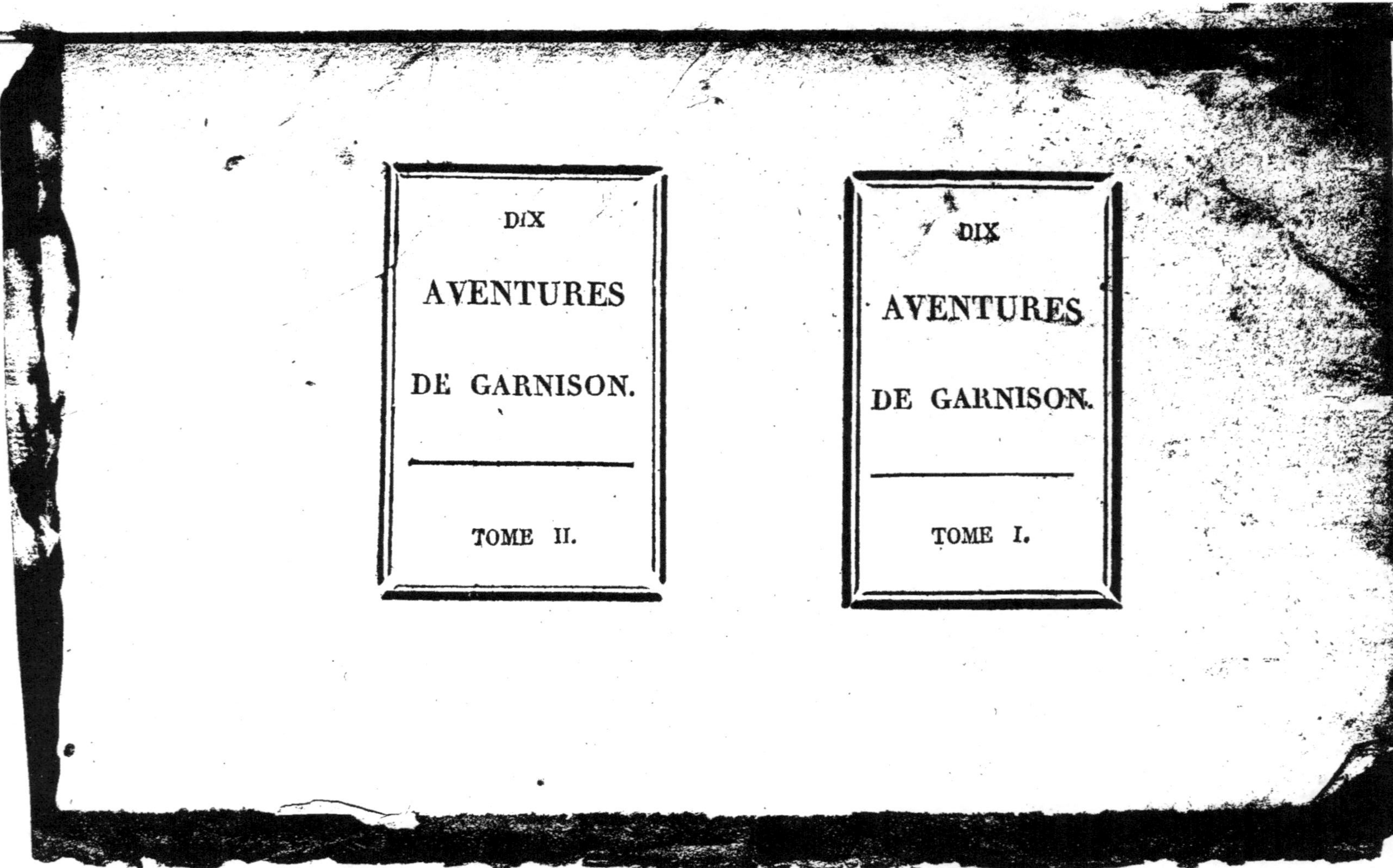
DIX
AVENTURES
DE GARNISON.

TOME II.
DIX
AVENTURES
DE GARNISON.

TOME I.